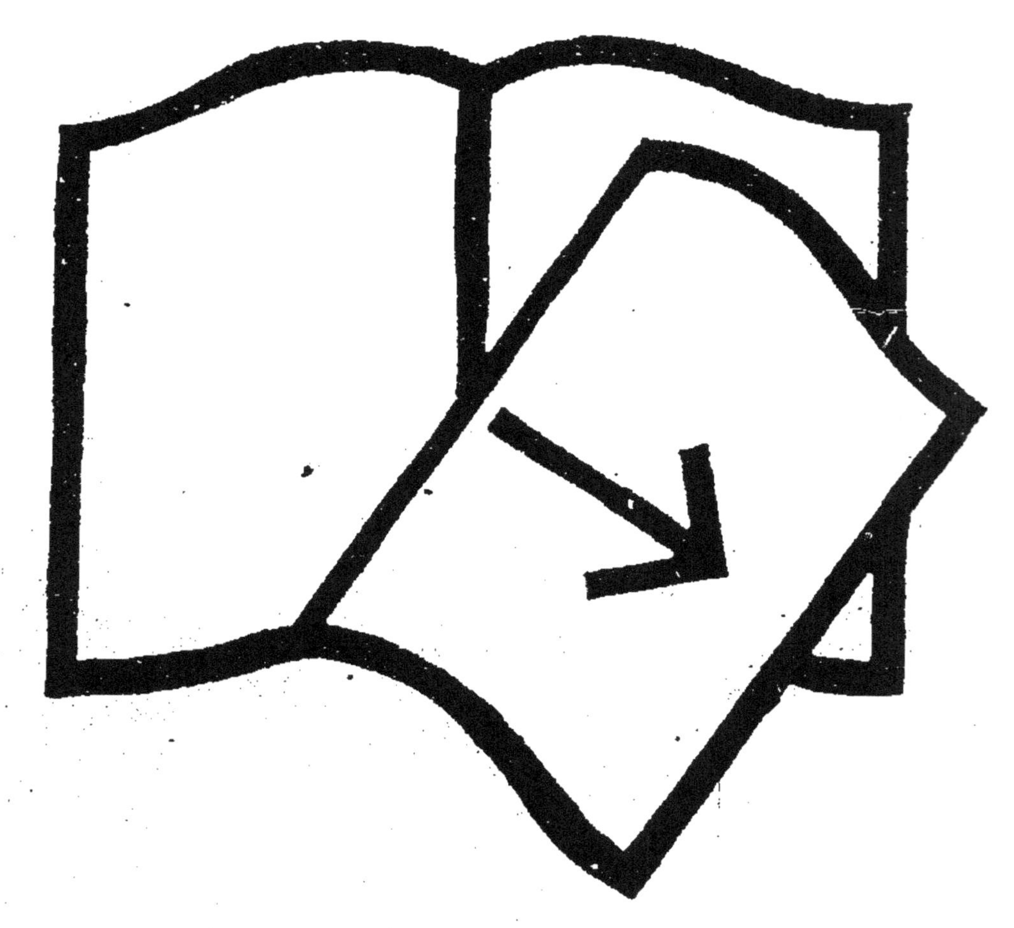

Couverture inférieure manquante

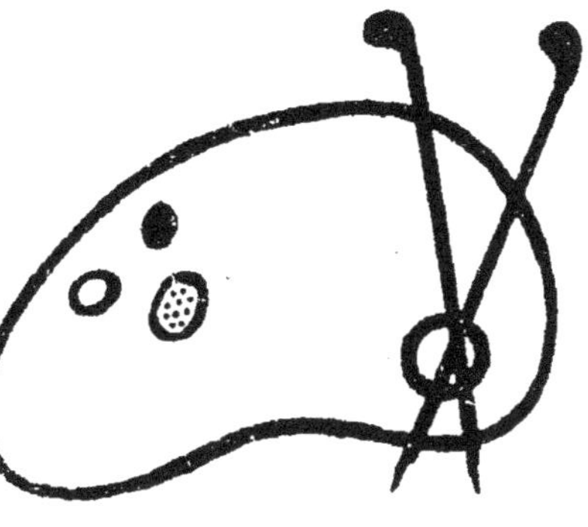

Original en couleur

NF Z 43-120-8

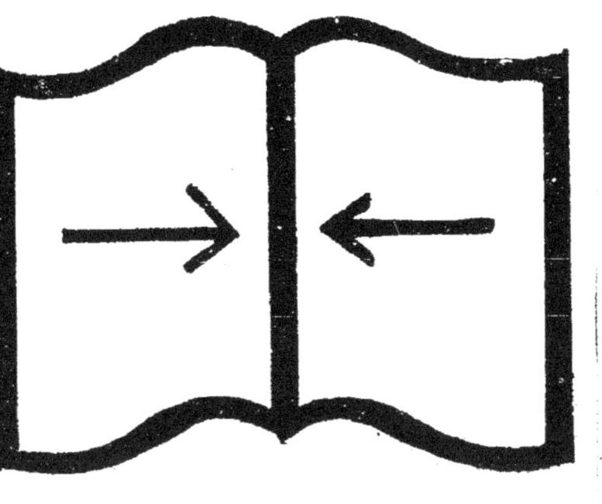

RELIURE SERREE
Absence de marges
intérieures

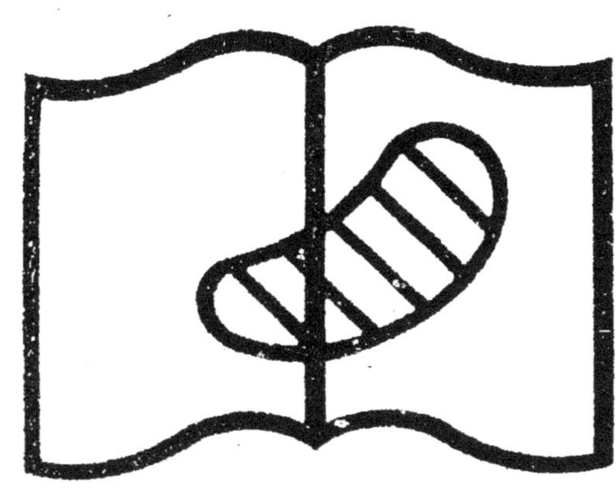

Illisibilité partielle

LES ÉTATS

DU DAUPHINÉ

ET PARTICULIÈREMENT

CEUX TENUS DANS LA VILLE DE ROMANS EN 1788

PAR

Le Dr Ulysse-CHEVALIER

GRENOBLE

PRUDHOMME, IMPRIMEUR-LIBRAIRE

14, rue Lafayette, 14

—

1869

LES ÉTATS DU DAUPHINÉ

563-7-69. — Grenoble, impr. de Prudhomme. — A.

LES ÉTATS

DU DAUPHINÉ

ET PARTICULIÈREMENT

CEUX TENUS DANS LA VILLE DE ROMANS EN 1788

PAR

Le Dr Ulysse CHEVALIER

GRENOBLE

PRUDHOMME, IMPRIMEUR-LIBRAIRE

44, rue Lafayette, 44

1869

Le Dauphiné était, avant 1789, au nombre des *pays
d'Etat*. On nommait ainsi les provinces qui, en vertu
de leur traité de réunion à la couronne de France,
avaient conservé le droit de s'administrer elles-mêmes.
Dans des Assemblées plus ou moins périodiques, les
députés des trois ordres réglaient l'administration lo-
cale, votaient des subsides pour les frais généraux du
royaume et fixaient le chiffre ainsi que le mode de
répartition des impôts de la province.

L'origine de ces États ne remonte pas, en Dauphiné,
au delà du milieu du XIVe siècle. Dans les temps qui
ont précédé la cession de ce pays à la France, on
constate seulement de loin en loin, dans diverses loca-
lités, des assemblées composées des prélats et des seigneurs les plus puissants. Là, par des sentences arbi-
trales, se décidaient les affaires importantes, se conci-

liaient les conflits entre les pouvoirs ecclésiastique et laïque, les différends entre les suzerains et les vassaux.

La ville de Romans a été souvent le siége de réunions imposantes tant par le rang des personnages qui y ont figuré que par l'importance des affaires qui y ont été traitées. Ces assemblées furent présidées en 999, par le roi Rodolphe; en 1037, par l'archevêque de Vienne Léger; en 1095, par le pape Urbain II; en 1096, par le prince Guillaume de Provence; en 1120, par le pape Calixte II; en 1134, par Hugues d'Amboise, archevêque de Rouen et légat du Saint-Siége; en 1212, par Humbert, archevêque de Vienne; en 1213, par Eudes de Bourgogne; en 1233, par Bernard, archevêque d'Embrun; en 1246, par Guigues Dauphin; en 1274, par Guy de la Tour, évêque de Clermont, commissaire du pape; en 1346, par Henri de Villars, archevêque de Lyon, régent du Dauphiné (¹), etc.

Ajoutons que l'archevêque de Vienne, en sa qualité d'abbé de Romans, avait dans cette ville une *cour* permanente qui jouissait d'une haute considération. Les princes, les grands, ne refusaient pas de s'y pré-

____

(¹) « Il paraît, par une des lettres d'Henri de Villars, que sur la nouvelle qu'il reçut, en 1346, de l'élection de Charles, roi de Bohême, à l'empire, il convoqua une assemblée solennelle des prélats et des seigneurs du pays, qu'il invita de se rendre à Romans à ce sujet, le dixième jour de décembre de cette année, avec les officiers du Conseil. Il semble que l'usage de tenir des assemblées sous le nom d'États, qui s'établit depuis, ait été pris sur le modèle de celle-cy. » (*Delphinalia* publié par H. Gariel. 1852. *Manuscrit anonyme.* p. 33.).

senter : ses décisions avaient, suivant la tradition, autant d'autorité que si l'Empereur lui-même les eût prononcées.

A ces mêmes dates, la réunion des États de la province n'avait pas eu lieu, parce que, à peine affranchis au XIIIe siècle, les habitants des communes ne formant point encore un ordre, ne pouvaient être représentés. A l'exception de certains cas peu nombreux consacrés par la coutume féodale, les revenus des terres et le produit des droits utiles suffisaient aux dépenses personnelles du souverain et aux besoins de l'État, et les contributions que s'imposaient les communautés devaient faire face aux dépenses locales. Les anciens dauphins ne taxaient leurs sujets que dans des circonstances exceptionnelles. Ainsi, en 1334, Humbert II fit une imposition d'une taille de six gros tournois par feu. Il prit pour prétexte l'affranchissement de la baronnie de Faucigny, l'ordre de chevalerie qu'il avait nouvellement reçu et les frais du voyage de Naples pour venir prendre possession de ses États : c'étaient, selon lui, autant de cas impériaux pour lesquels il prétendait être en droit de lever des subsides sur les habitants de ses terres (¹). Toutefois, dans des conjonctures extraordinaires, les dauphins se croyaient obligés de consulter les notables du pays. Humbert II convoqua à Grenoble, en 1338, une assemblée de nobles, de prieurs conventuels et de syndics, pour délibérer avec eux sur les lettres du roi de France par lesquelles il l'invitait à venir à son secours dans la

---

(¹) Valbonnais, *Hist. de Dauphiné*, t. I, p. 304, et t. II, p. 261.

guerre qu'il avait contre les Anglais. On voit aussi que, en 1347, des commissaires du même prince se transportèrent dans tous les bailliages et y assemblèrent les ecclésiastiques, les nobles et les principaux habitants des paroisses pour faire examiner les moyens de réformer les abus qui s'étaient introduits pendant l'absence du dauphin. Mais, en fait, les États généraux de la province ne datent que d'une époque postérieure à la réunion du Dauphiné à la couronne de France. Auparavant, les assemblées des notables, où tous les nobles avaient droit d'assister, étaient fort rares, irrégulières et sans autorité.

Le dauphin Humbert II, s'étant engagé de céder ses Etats au petit-fils du roi de France, voulut, avant de déposer le sceptre, laisser à ses anciens sujets un témoignage durable de son affection. Il assura et accrut par un acte authentique les libertés et les priviléges de la province, et il en consacra le souvenir et les droits dans le *statut delphinal* qu'il signa à Romans, le 14 mars 1349, dans sa maison d'habitation, en présence des archevêques de Lyon et de Vienne et de l'évêque de Grenoble.

Par l'article XIV du statut, le dauphin prescrivit qu'on ne pût ordonner des corvées et lever des tailles, si ce n'est pour l'utilité publique des lieux où l'on exigerait ces impôts. Ce principe si naturel et légitime n'était point alors pratiqué, et Humbert montra même des sentiments de justice aussi rares qu'élevés en le proclamant. Au moyen-âge, le droit commun était inconnu; les priviléges, les immunités, les franchises, chèrement achetés, constituaient des exceptions qui confirmaient la règle. Les impôts, répartis sur une seule classe d'habitants, dépensés sans utilité pour le bien public, étaient pour ainsi dire des contributions de guerre qui entretenaient chez les nobles le souvenir de la conquête, et dans la population celui de la servitude. Quoi qu'il en soit, la clause citée plus haut et d'autres dispositions du statut rendirent nécessaires ces Etats provinciaux que l'on convoquait, suivant les besoins, dans une des principales cités du pays, et auxquels |les villes députaient leurs consuls (¹).

En vertu de ses priviléges, le Dauphiné devait être exempt des contributions de guerre ; mais, dans les cas urgents, les trois ordres votaient cependant les sommes, quelquefois en les réduisant et seulement à titre de *don gratuit* (²) : clause qui semblait réserver aux yeux des députés leurs franchises et leurs priviléges, ainsi qu'on le voit dans les assemblées tenues à Romans, en 1385 (³); à Vienne, en 1388 ; à Grenoble, en 1396. Cependant,

---

(¹) Ces villes, au nombre de dix, étaient, d'après Guy Allard : Grenoble, Vienne, Ambrun, Valence, Die, Gap, Romans, Montélimar, Crest et le Buis. Philibert Brun met St-Paul-Trois-Châteaux, Saint-Marcellin et Briançon à la place de Die, Crest et le Buis.

(²) « L'authorité de ces États en cette province était principalement qu'on n'y pouvait faire aucune imposition que par ses délibérations, et les dons gratuits qu'on y levait en faveur des princes, n'estoient accordez que par la volonté de ces mesmes états. (*Delphinalia*, Guy Allard. p. 14.)

(³) Ce fut réellement la première convocation des Etats généraux faite après la réunion du Dauphiné à la France. « Les Etats, dit Chorier, furent assemblés à Romans, en 1385, sous la présidence du duc de Bourgogne ; le gouverneur de Bouville y assista et toutes les villes, même celle de Vienne, y envoyèrent leurs députés. » (*Hist. de Dauphiné*, t. II, p. 386.)

après l'introduction de la taille en Dauphiné, sous François Ier, par l'imposition générale de 1550, malgré les remontrances des Etats, cette province se trouva soumise aux mêmes charges que le reste du royaume.

Une analyse rapide du procès-verbal d'une session des Etats du Dauphiné tenue à l'époque difficile et grave des guerres de religion, suffira pour faire connaître le rôle et les attributions de ces assemblées: ce sera en même temps une page intéressante d'histoire.

Les Etats généraux et provinciaux de Dauphiné commencèrent le 18 mai 1580, conformément à la convocation faite par les lettres patentes du roi (¹) du 13 août 1579 ; et se tinrent à Grenoble (²) dans la maison consulaire.

La première séance, à laquelle assistent des députés des trois ordres, est ouverte par un discours du président d'Hautefort, un des commissaires délégués par M. de Maugiron, lieutenant-général pour S. M. en Dauphiné (³). Il fait connaître les volontés du roi et

---

(¹) « Les Etats étaient anciennement convoqués par les gouverneurs de la province ; mais ce privilége leur fut ôté par Louis XI, qui voulut que la convocation n'en fût faite à l'avenir qu'en vertu de ses lettres ». (*Delphinalia.* Fontanieu, p. 28.).

(²) « Ce n'a pas tousjours esté à Grenoble que cette assemblée a esté convoquée : il y en a eu à Valence, à Romans, à Vienne, à Saint-Marcellin et à la Coste Saint-André ». (*Ibid.* Guy Allard, p. 17.)

(³) « L'ouverture des Etats était faite par les gouverneurs ou lieutenants-généraux ; les premiers présidents et quelques officiers des compagnies supérieures étaient députés par la roi dauphin pour y assister comme commissaires..... Ces états avaient leurs officiers qui recevaient des gages ou appointements de la province. » (*Ibid.* Fontanieu, p. 28.).

l'état des affaires de la province, et particulièrement la nécessité de faire observer l'édit de pacification et de réduire le pays et tous les sujets sous l'obéissance de S. M. L'évêque de Grenoble, président des Etats, répond en faisant remarquer la grande misère des habitants. Il requiert ensuite les commissaires, au nom des trois ordres, qu'il leur soit permis, suivant la coutume, de tenir deux assemblées pour délibérer sur le contenu des lettres patentes et sur le bien de la province. Les commissaires accordent cette permission (¹).

Lecture est faite du pardon accordé par le roi à ceux qui, sous le nom de *ligues* (²), avaient pris les armes

---

(¹) « Avant l'an 1554, les Etats ne s'assemblaient que pour répondre aux demandes du roi dauphin, dresser leurs doléances s'ils en avaient à faire, et tout cela s'expédiait en trois jours; après, ils les venoient représenter au conseil delphinal ou parlement. Ces cayers ayant esté communiqués aux gens du roy, le gouverneur, le conseil du parlement avec celuy qui étoit commissaire, répondoient les articles, et ensuite chacun se retiroit. » (Expilly. *Plaidoyer*, p. 487.)

(²) Les principales villes du Dauphiné se *liguèrent*, en 1578, pour refuser la troisième taille de 15 écus, 7 s. 3 den. par feu, jusqu'à ce que les trésoriers eussent rendu leurs comptes et pour « la conservation du pauvre peuple affligé de la tyrannie de la guerre. » Elles demandaient aussi que le clergé et la noblesse contribuassent, comme de droit, aux dépenses nécessitées par la défense du pays.

A Romans, un drapier, nommé Pommier, se mit à la tête du mouvement. Il s'empara des clefs des portes de la ville, destitua le capitaines de quartier, et fit appel aux populations des environs. A son passage à Romans, le 19 juillet 1579, la reine-mère, Catherine de Médicis, traita sévèrement le Rienzi romanais et lui commanda, « sous peine de sa vie, de contenir le peuple en modestie et sans émotion. » Pommier fut tué devant sa porte,

sans permission et contre l'autorité du roi et de ses
magistrats. L'assemblée nomme M. de Saint-Nazaire
et M. Etienne Rey, consul de Valence, pour aller prier
le gouverneur d'envoyer une lettre par un parlemen-
taire à M. des Diguières, pour s'informer de ses in-
tentions et de celles de son parti, relativement au dernier édit de pacification.

Séance du 19 *mai.* M. de Brigaudières, procureur du
pays (¹), présente une requête pour être exonéré de sa
charge, à cause de son grand âge, des indignités et
des mécontentements qu'il a eus et parce que depuis
quatre années il n'a pas reçu un sol de son travail.

M. de Fillion, premier consul de Vienne, se plaint
de ce que les gens de guerres établis dans les campagnes
pour courir sus à ceux de la religion réformée, com-
mettent des désordres, ravages et plusieurs excès dont
souffrent les habitants du Viennois. On entend plusieurs requêtes des bourgeois des lieux de garnison et
de passage aux fins d'être déchargés de leurs contributions, à cause des dépenses qu'ils ont supportées
pour la nourriture et l'entretien des troupes.

On nomme dans les trois ordres, MM. de l'Arthau-
dières, de St-Julien, de Saulsac, des Avret, Etienne
Rey, consul de Valence, Brenier, consul de Romans,

---

le 14 février 1580, d'un coup de pistolet dans une bagarre sus-
citée par des gens masqués qui représentaient le *jeu des trois
royaumes*, ceux des catholiques, des huguenots et des ligueurs.

(¹) « On choisissoit de trois ans en trois ans un petit nombre
pour veiller à l'exécution de ce qui avoit été résolu dans l'assemblée : on appeloit ces gens commis des Etats. » (*Delphinalia*, Philibert-Brun, p. 23).

Ollivier, consul du Queyras, ainsi que le président d'Hautefort pour aller conférer avec M. des Diguières.

Séance du 20. On désigne M. le châtelain du Queyras pour aller faire connaître au roi le peu de moyens qui restent à ses pauvres sujets et demander à S. M. qu'il soit de son bon plaisir de les secourir et de les aider. Il lui est recommandé de s'entendre, lorsqu'il sera en cour, avec MM. du Mottet et des Beyns qui s'y trouvent pour le même objet. MM. des Etats se rendent en corps à la cour du parlement pour obtenir, en vertu des anciennes franchises et libertés de la province, de faire mettre en liberté le consul de la ville de Briançon, emprisonné à la requête de M. Sébastien de Lionne, receveur du pays.

Séance du 21. Le capitaine suisse Figuly demande le payement des arrérages qui lui sont dus depuis dix-huit mois pour la solde et l'entretien de ses soldats. Il est conclu qu'il sera payé sur l'imposition de 2 écus 40 sols par feu. Une requête réclame contre le projet de la nouvelle ferme du sel, et demande qu'on fasse auparavant la vérification du sel qui a déjà acquitté les droits.

Une lettre de M. de Mandelot, gouverneur du Lyonnais, réclame une somme de 6912 écus 4 sols 6 deniers pour l'artillerie et les munitions qu'il a fait entrer en Dauphiné pour secourir cette province.

Séance du 22. M. de Maugiron fait connaître que, vu la pauvreté du peuple, il se contentera de vingt gardes, au lieu de cinquante, pour servir auprès de sa personne, aux gages de 20 livres par mois, prélevés sur les impositions du sel et des marchandises.

Séance du 23. M. de Froissin, prévôt des maréchaux,

rappelle que, pour les gages de son lieutenant, d'un greffier et de douze archers, on lui avait promis pour une année une somme de 4,000 livres dont il n'a touché que les deux tiers. Il demande ce qui lui est dû et pour l'avenir une augmentation d'appointements. Les Etats lui accordent 5,000 livres pour un an.

M. de Maugiron est prié de faire restituer ce qui aurait été exigé en plus d'un sétier de grains par feu, pour l'approvisionnement de l'armée.

M. de Leisseins informe les Etats que, sur le désir de M. de Maugiron, il se rend à ses frais à la cour pour informer le roi des affaires du pays.

Séance du 24. Les Etats adressent une lettre de remercîment à M. de Mandelot pour les bons offices qu'il a rendus à la province. Ils l'informent qu'ils ont demandé au roi que le payement des 6,912 écus qui lui sont dus soit pris sur le produit des amendes et confiscations encourues par les auteurs des désordres.

MM. de la noblesse déclarent que, pour la poursuite de la guerre, ils s'imposeront, pour cette fois seulement et sans tirer à conséquence, une contribution de 10,000 écus, qu'ils se mettront en équipage de chevaux et d'armes et emploieront leurs propres personnes et leurs biens. L'ordre du clergé offre, pour le même but, deux décimes, devant produire la somme de 7,967 écus 16 sols. Le tiers-état promet une aide de 40,000 écus.

M. Des Diguières répond au gouverneur que l'intention de ceux de la nouvelle religion n'a jamais été autre que d'embrasser la paix, et que si l'Etat y met quelque volonté, ils seront très-aises d'y parvenir, et qu'à ces fins on doit envoyer des députés à Gap.

Le S. Henri Lochment réclame le payement de 4,125

écus pour le prix de 2071 mesures de sel qui ont été prises en diverses fois par ordre de M. de Maugiron dans le grenier à sel de Vienne, appartenant audit Lochment. Il est conclu qu'il devra s'adresser au roi pour être payé.

Claude Tondard, agent de plusieurs personnages, demande une somme de 140,000 liv. valant 46,666 écus 40 sols, dont la moitié est échue depuis la dernière foire des Rois. Il lui est répondu que le payement de la première moitié est imposé sur la dernière parcelle, et celui de la seconde sur les tailles de 16 écus et de 2 écus 16 sols par feu.

L'Assemblée écrit à la cour du parlement pour que, ayant égard à la grande pauvreté du peuple, il lui plaise ordonner la cessation de toute poursuite contre les consuls et habitants des villes et communautés et de faire élargir les prisonniers.

Séance du 25. Les habitants d'Embrun et de Briançon devront répartir entre eux également leurs dépenses pour les gens de guerre.

Sur la demande de M. de Maugiron, les Etats, avant de se séparer, nomment six commissaires, pris dans les trois ordres, pour l'assister dans l'administration des finances et des autres affaires.

Les deniers provenant des 40,000 écus promis par le tiers-état pour la continuation de la guerre seront perçus par M. de Chaponay, receveur des domaines, à la condition qu'il sera soumis aux vérifications d'un contrôleur. Il est convenu que, la paix survenant, les sommes qui n'auraient pas été employées au fait de la guerre, seraient consacrées à l'acquittement des dettes du pays. Les levées sur le tiers-état en grains et en argent pour le camp et la nourriture des troupes seront comptées en déduction de la dite somme de 40,000 écus.

M. le gouverneur et MM. de la cour seront suppliés d'homologuer ce que dessus, et d'octroyer gratis les contrats nécessaires pour la péréquation et la perception de toutes lesdites sommes.

Hormis les circonstances exceptionnelles au milieu desquelles se tint l'assemblée précédente, les Etats du Dauphiné s'occupèrent beaucoup plus de finances que de politique. Ils n'offrirent pas, comme ceux de Bretagne, par exemple, dés séances orageuses et des prétentions de nature à porter ombrage au pouvoir royal. Ce furent les guerres civiles de religion du XVIe siècle qui eurent le déplorable résultat d'introduire un germe de discorde parmi les citoyens et de compromettre, par une longue licence, les libertés de la province. Par une réaction inévitable, Richelieu qui travaillait *per fas et nefas* à rendre à la royauté, longtemps humiliée et affaiblie, le prestige et la force, saisit avec empressement le prétexte de l'agitation causée par la question des tailles pour ajourner ou plutôt pour supprimer, par un édit du mois de mars 1628, les Etats du Dauphiné et les remplacer par des Elections ([1]). Ce changement s'opéra avec facilité et sans résistance, la plupart des grands personnages ayant été gagnés à prix d'argent, et l'on se plaignit avec justice de ce que les députés avaient trahi la province et vendu à beaux deniers comptants le droit qu'elle possédait

---

([1]) Ces élections, d'abord au nombre de dix puis réduites à six, étaient celles de Grenoble, de Vienne, de Valence, de Romans, de Montélimar et de Gap.

de tenir des Etats. Mais si les intérêts du public furent abandonnés, les particuliers ne l'oublièrent pas (¹). »
Toutefois, pour ménager la transition, le roi créa, par un autre édit du mois de juillet, un procureur syndic général des trois ordres du pays, trois substituts, autant de receveurs et contrôleurs généraux, un syndic et un substitut des communautés villageoises, deux commis du clergé, deux secrétaires et un huissier, avec la liberté aux trois ordres de s'assembler toutes les fois qu'il se présenterait une affaire importante pour le bien public ou pour son service, à la charge d'en obtenir la permission de lui. Mais, par plusieurs arrêts du conseil d'Etat des années 1625 et 1639, il fut défendu à un conseil de la noblesse établi dans Grenoble de faire aucune imposition ni aucune assemblée à peine de *la vie* (²). Les Dauphinois ne cessèrent de réclamer contre cette violation du pacte d'union. Cet amer souvenir, cause incessante de mécontentement et d'opposition, contribua pour beaucoup à l'énergique unanimité avec laquelle la province demanda et obtint, en 1788, la réunion des Etats généraux.

(¹) *Delphinalia*. Philibert-Brun, p. 23. M. Gariel ajoute en note : « L'intendant Fontanieu, officiellement renseigné, dit positivement que le Dauphiné paie encore (1767) annuellement 6,000 liv. à M* l'Evêque de Grenoble, 3,000 liv. au baron de Clermont et pareille somme au baron de Sassenage, 1,500 liv. à l'agent général de la province et 1,000 liv. aux deux secrétaires des Etats, le tout pour leur tenir lieu de la pension que leur faisaient les Etats suspendus depuis l'an 1628. »

(²) Cette défense n'empêchait pas, lorsqu'on tenait les états généraux du royaume, d'y envoyer comme auparavant des députés qui représentaient les trois ordres du Dauphiné.

On sait dans quelles circonstances et à la suite de quels évènements les délégués des trois ordres se réunirent la nuit du 21 juillet 1788 dans le château de Vizille. Après avoir déclaré dans une adresse au roi qu'il y avait urgence à convoquer les Etats généraux du royaume, ces délégués se séparèrent en s'ajournant pour le 1er septembre dans la ville de Grenoble. Le ministère, effrayé de ces résolutions, annonça les Etats généraux pour l'année suivante et convoqua les états provinciaux du Dauphiné pour le 27 août dans la ville de Romans. Cette convocation resta sans effet, et celle du 1er septembre s'effectua d'abord à St-Robert, puis à Romans au lieu de Grenoble.

La ville de Romans avait bien quelque titre à cette honorable préférence. En outre de ce qu'elle avait, dès le 23 juillet 1787, montré ses sentiments patriotiques en adressant aux officiers municipaux de Grenoble ses vœux ardents pour la convocation des Etats généraux, elle avait été anciennement bien des fois le siége de la représentation de la province. Les Etats généraux s'y sont réunis en 1385, sous la présidence du duc de Bourgogne; en 1394; en 1450, sous la présidence de Le Meingre de Boucicaut; le 10 mars 1427; le 28 janvier 1436, sous la présidence du roi Charles VII; le 1er décembre 1553; le 16 janvier 1575, sous la présidence du roi Henri III (¹); le 21 janvier 1587, sous la présidence

---

(¹) La ville traita à ses frais ce prince et sa nombreuse suite où se trouvaient quatre médecins et notamment le célèbre Miron. La dépense s'éleva pour une seule journée à 275 liv. 5 s. 9 d. équivalant à 798 fr. 50 c., valeur intrinsèque, et à environ 3,193 fr. valeur relative. Quelque temps auparavant, Charles IX

de Nogaret de la Valette et, le 24 octobre 1592, sous la présidence d'Alphonse d'Ornano, lieutenant général de la province.

En conséquence de la résolution de l'assemblée de Vizille et des lettres patentes du roi, en date du 10 août 1788, les députés des trois ordres en Dauphiné se rendirent à Romans au commencement de septembre et tinrent chacun séparément des assemblées les 5, 6, 7, 8, et 9 de ce mois pour vérifier les pouvoirs des députés.

Le mercredi, 10 septembre, les trois ordres se réunirent dans l'église des Cordeliers de ladite ville à 10 heures du matin. On y comptait 48 membres du clergé, 190 de la noblesse, outre 123 absents adhérents, et 424 du tiers état, non compris 49 communautés n'ayant point nommé de députés. Il fut arrêté que le nombre de voix serait de 95 pour le clergé, de 190 pour la noblesse et de 285 pour le tiers état.

Les commissaires du roi ayant fait notifier aux différents ordres que l'intention de S. M. était que l'archevêque de Vienne présidât cette assemblée, il fut résolu de reconnaître cette présidence pour cette fois seulement. L'archevêque de Vienne, M^r Le Franc de Pompignan, étant entré, le comte de Morges, président de l'ordre de la noblesse, lui dit que si l'assemblée le reconnaît pour président, c'est pour donner à Sa Majesté des marques de son respect, mais sous protestation de tous les droits de la province. Le prélat répond qu'il adhère à cette protestation et qu'il y joint la sienne.

---

avait séjourné à Romans le 17 et le 21 août 1564, mais dans des circonstances moins solennelles; aussi les dépenses ne montèrent qu'à 158 liv. 3 d. pour le premier jour et à 175 liv. 5 s. 3 d. pour le second.

Les commissaires sont avertis par M. Mounier, secrétaire, que l'assemblée est formée. Une députation de douze membres va recevoir, à trois pas au delà de la porte de l'église, M. le duc de Clermont-Tonnerre, pair de France, lieutenant-général des armées du roi et de la province de Dauphiné, M. le comte de Narbonne-Fritzlar, aussi lieutenant-général des armées, et M. Case, baron de la Bove, intendant de la province. Il est fait lecture d'une lettre du roi, et les commissaires prononcent chacun un discours contenant en substance que la présente assemblée a été réunie pour procurer au Dauphiné une constitution sage, pesant dans une juste balance les intérêts des différents ordres et ceux de tous les cantons de cette province. Après une courte réponse du président et le départ des commissaires du roi, l'évêque de Grenoble (¹) prend la parole pour demander son ancien droit de présider les états du Dauphiné (²).

(¹) Anne-Hippolyte Hay de Bouteville, évêque et prince de Grenoble, président-né des Etats du Dauphiné, comte de Brioude. Il se suicida, le 6 octobre 1788, au château d'Herbeys.

(²) Le statut delphinal portait expressément (art. LI) que « l'évêque de Grenoble, et en son absence l'abbé de St-Antoine et leurs successeurs, devait recevoir le serment du Dauphin à son avènement. » (*Delphinalia*, anonyme, p. 34). « Le dauphin Charles... qui avait quelque obligation à Aymon de Chissé, évêque de Grenoble, qui avait porté le dauphin Humbert II, de qui il estoit le confesseur, à préférer le fils de France pour être son successeur, à faute d'enfant, et pour le gratifier il le créa président et ses successeurs à l'avenir, lors de la tenue de ses états, et en son absence l'abbé de St-Antoine, ce qui a tousjours esté observé. » (*Ibid.* Guy-Allard, p. 14). « Ce droit de préséance de l'évêque de Grenoble n'a pas été sans contestation de la part des archevêques de Vienne et d'Embrun, qui, comme supérieurs

M. de Planelli, marquis de Maubec, réclame à son tour en faveur des prérogatives attachées à sa baronnie, qui est de jouir du droit de séance dans les Etats de la province.

M. Mounier est nommé et confirmé en qualité de secrétaire.

Séance du 11. Une députation remet, au nom de trente-un curés de différents diocèses de la province se trouvant à Romans, un mémoire demandant que dans toutes les assemblées des trois ordres les curés soient représentés par leurs députés librement élus, sous les yeux de leurs supérieurs.

Deux députés de la communauté de la Guillotière présentent un mémoire tendant à réclamer la jouissance de tous les priviléges de la province de Dauphiné, dont elle fait partie.

Lorsqu'il n'y aura point de motifs de séparer les ordres, on appellera, pour compter les voix, un membre du clergé, deux de la noblesse et trois du tiers état, et ainsi de suite.

Séance du 12. Sur la proposition des commissaires de l'assemblée, il est décidé qu'on écrira une lettre au roi, pour exprimer les sentiments de reconnaissance des trois ordres et demander le rétablissement des tribunaux dans toutes leurs fonctions, et une autre lettre à M.

---

dans l'ordre de la hiérarchie ecclésiastique, ne pouvaient se résoudre à lui voir exercer cette fonction sans y former quelque opposition... Il y eut un arrêt solennel du 2 août (1577) qui maintint le sieur Fléchar, alors évêque de Grenoble, en la possession du droit de préséance et présidence aux états de la province dont avaient joui ses prédécesseurs. » (*Ibid.*, anonyme, p. 37).

Necker pour lui témoigner la satisfaction qu'ont éprouvée les députés en apprenant son rappel au ministère des finances.

On insère un long discours de l'évêque de Grenoble où ce prélat demande la mise en liberté de douze membres de la noblesse de Bretagne, ses compatriotes.

Séance du 13. Le secrétaire donne lecture d'un projet de lettres au roi et à M. Necker.

Dimanche 14. L'assemblée s'est réunie dans l'église des Cordeliers. Les commissaires du roi sont reçus à l'entrée de l'église par les religieux célébrants, qui ensuite ont dit une messe du Saint-Esprit.

Séance du 15. Sur le vœu de 219 gentilshommes et de l'ordre du clergé, il est délibéré que les corvées pour la construction et l'entretien des chemins seront irrévocablement abolies et remplacées par une contribution en deniers sur les trois ordres, conformément à la transaction du 6 février 1554.

Séance du 17. Sur le rapport de M. Pison du Galand, il est arrêté que les membres des Etats seront au nombre de 144, c'est-à-dire de 24 personnes du clergé, 48 de celui de la noblesse et 72 de celui du tiers état; que les membres des Etats recevront six livres par jour pendant un mois, et que nul ne sera admis aux Etats qu'il n'ait atteint la majorité, c'est-à-dire vingt-cinq ans.

Séance du 24. L'assemblée décide que les membres des Etats seront nommés pour quatre ans et qu'ils seront renouvelés par moitié de deux ans en deux ans.

Séance du 27. M. le comte de Morges, président de l'ordre de la noblesse, propose de prier les commissaires du roi de s'unir à l'assemblée pour solliciter auprès de S. M. le cordon de son ordre en faveur de M. Dedelay d'Agier, maire de Romans, en considération des qualités éminentes de ce vertueux citoyen. Cette proposition est acceptée par acclamation. M. Dedelay d'Agier s'est avancé au milieu de l'assemblée et a dit qu'il lui était impossible de pouvoir exprimer, comme il le devrait, l'excès de sa sensibilité pour toutes les marques de bonté dont on l'avait honoré.

Il est fait lecture du plan pour la nouvelle formation des Etats de Dauphiné, qui doit être présenté au roi. Ce projet a 60 articles. Il est dit que le Dauphiné a toujours joui du droit de se réunir ; que nul ne sera admis aux Etats de la province que par le libre choix de ceux qui ont le droit de s'y faire représenter, et que toutes les places, même de la présidence, y seront électives.

L'assemblée, sous le bon plaisir de S. M., déclare se proroger au 1er novembre dans la ville de Romans. Ensuite elle nomme au scrutin pour président Mr l'archevêque de Vienne, et pour secrétaire M. Mounier. Elle déclare que le roi sera supplié de retirer ses édits enregistrés militairement le 10 mai dernier, de rappeler de leur exil les magistrats du parlement de Grenoble et de rétablir les cours et les autres tribunaux de la province dans leurs anciennes fonctions.

Séance du 28. Les commissaires du roi viennent faire la clôture des séances.

Conformément à la prorogation portée par la délibération des trois ordres, du 27 septembre, se sont réunis, le dimanche 2 novembre, dans l'église des Cordeliers à Romans, à quatre heures du soir, 28 membres de l'ordre du clergé, 158 de celui de la noblesse et 218 de celui du tiers état. M. le comte de Narbonne-Fritzlar et M. Case de la Bove, commissaires du roi, font l'ouverture des séances.

Séance du 3. Le secrétaire fait lecture d'une lettre close, en date du 24 octobre 1788, par laquelle le roi fixe au 1er novembre prochain l'ouverture des états de la province de Dauphiné dans la ville de Romans et nomme pour la présider M. l'archevêque de Vienne.

Séance du 5. M. le comte de Morges, président de la noblesse, dit qu'il serait convenable de conserver dans les registres de l'assemblée le souvenir de la conduite généreuse et patriotique de MM. de Mayen et Revol, premier et second consuls de Grenoble.

Séance du 6. L'assemblée examine *l'arrêt du Conseil d'Etat du roi portant règlement pour la nouvelle formation des états de la province de Dauphiné*, en 61 articles.

Il a été unanimement arrêté que l'assemblée accepte avec reconnaissance ledit règlement, néanmoins sous les modifications apposées, sous le bon plaisir de S. M., au nombre de douze, et au surplus sous la réserve expresse que les Etats ne pourront accorder aucun subside, ni établir aucune taxe, ni faire aucun emprunt pour le gouvernement que lorsque les représentants de la province en auront délibéré dans les Etats généraux.

Séance du 7. Un exploit ayant été signifié aux trois ordres de la part de M. le vicomte de Pons, premier baron du Dauphiné, maréchal de camp, et de Madame la vicomtesse de Pons, soutenant que les quatre anciens barons de la province ont le droit d'avoir les quatre premières places dans les Etats et d'en être députés nés (1),

---

(1) Ces quatre barons étaient ceux de Clermont, de Sassenage, de Bressieux et de Maubec alternativement, et de Montmaur ou de Flotte.

l'assemblée, considérant qu'on ne peut pas représenter un ordre sans avoir obtenu ses suffrages, arrête qu'on ne peut avoir aucun égard à la demande de M. et Mme de Pons.

Le chapitre de la cathédrale de Grenoble présente aussi des protestations pour la conservation des prétendus droits du siége épiscopal de la même ville, relativement à la présidence. L'assemblée déclare qu'elle ne peut recevoir ces protestations.

M. le président dit que le zèle et l'attention de MM. les maire et échevins de Romans et de tous les habitants de cette ville envers les membres des Etats ont mérité leur reconnaissance. L'assemblée accueille ces paroles par des applaudissements.

Séance du 8. Le secrétaire donne lecture du projet de la lettre que les trois ordres doivent écrire à Sa Majesté. Cette lettre fait l'historique des anciens Etats généraux, les critique et conclut en espérant que le roi mettra sa gloire à procurer à la France une constitution qui fasse respecter les droits du monarque et qui protége les sujets.

MM. les maire et échevins de la ville de Romans, accompagnés de MM. de Lacour d'Ambézieux, Dochier et Legentil, avocats et députés de la même ville, se sont avancés au milieu de l'assemblée. M. Mortillet, premier échevin, dit que la ville de Romans s'applaudira à jamais d'avoir réuni dans son sein les trois ordres de la province et d'être devenue, par ce choix honorable, le berceau de la constitution.

Les commissaires prononcent chacun un discours auquel répondent le président de l'assemblée, l'abbé de la Salcette, procureur fondé de l'archevêque d'Embrun,

M. le comte de Morges et M. de Lacour d'Ambézieux. La session est close aux cris de *Vive le roi !*

La dernière session des Etats généraux et provinciaux de Dauphiné s'ouvrit le 1ᵉʳ décembre 1788, à quatre heures du soir, dans une des salles du couvent des Cordeliers de Romans. L'assemblée comprenait 24 membres du clergé, 48 de la noblesse et 72 du tiers état, presque tous hommes de grand mérite et parmi lesquels plusieurs allaient bientôt s'illustrer sur une plus vaste scène.

M. l'archevêque de Vienne, président, s'est placé au fond de la salle ayant le clergé à sa droite, la noblesse à sa gauche et le tiers état suivant immédiatement les deux premiers ordres (¹).

Un officier du régiment Royal-la-Marine ayant prévenu l'assemblée que MM. les commissaires du roi étaient près de la première porte d'entrée, six députés sont allés recevoir à trois pas au-delà de cette porte, M. le comte de Narbonne-Fritzlar, lieutenant-général, commandant pour S. M. en Dauphiné, et M. Case, baron de la Bove, conseiller du roi, intendant en ladite province.

Après la lecture de la lettre close du roi, M. de Narbonne a dit, en quelques mots, que l'assemblée répondrait aux vues bienfaisantes de S. M. par un travail as-

----

(¹) Dans les anciens états, les ecclésiastiques se plaçaient à main droite, chacun selon sa dignité, la noblesse à main gauche, sans observer aucun rang, et les députés du tiers étaient au milieu. Mais l'évêque président siégeait en lieu séparé et tout vis-à-vis des trois ordres au milieu des quatre barons du Dauphiné assis sur des fauteuils.

sidu. Le discours de l'intendant a été fort développé : c'était une sorte de programme sur les impôts à lever et sur les travaux publics à exécuter. Le président a ensuite pris la parole et a dit : « Enfin, nos Etats sont formés ! Cette province est restituée dans une administration libre, inhérente à son ancienne constitution, suspendue par des événements malheureux, jamais abolie, toujours désirée. » Il termine en se plaignant de la recherche des professions dont le luxe est l'aliment, comme plus lucratives et moins pénibles, de l'agrandissement immodéré de certaines villes, de la désertion et de la misère des campagnes. Ce discours est suivi d'une allocution assez accentuée de l'archevêque d'Embrun. La séance est terminée par quelques mots du comte de Lablache, au nom de la noblesse.

Séance du 2. Il est donné lecture des noms des membres des Etats. La ville de Romans est représentée par MM. Suel, chanoine ; Dedelay d'Agier, maire ; de Lacour d'Ambézieux, avocat, et Mortillet, premier échevin.

Séance du 3. L'archevêque d'Embrun fait connaître que la commission a examiné tous les procès-verbaux contenant pouvoirs des Etats et qu'ils sont conformes au règlement.

Séance du 4. M. Alleman-Dulauron envoie sa démission par motif de délicatesse.

Séance du 5. La nomination de M. Bernard, collégié de l'église de Vienne, et celle de M. Roux, sont annulées. Dans la séance du soir, un officier remet au président une lettre de M. Necker annonçant que le roi permet la nomination de 144 membres qui doivent s'unir aux Etats pour élire les députés de la province. On nomme une commission de douze membres pour préparer les objets des délibérations.

Séance du 6. Sur le rapport de l'archevêque d'Embrun, les Etats forment trois bureaux : le premier pour les impositions, le deuxième pour les chemins et ouvrages publics, et le troisième pour le bien public.

Dimanche 7 décembre. MM. les membres des Etats assistent à une messe du Saint-Esprit, célébrée par l'abbé de la Salcette.

Séance du 9. A la suite du rapport de la commission chargée d'examiner quel nombre de députés la province doit avoir aux Etats généraux, l'assemblée adopte les dispositions suivantes : Les Etats ont considéré qu'ils ne peuvent s'écarter des principes que la province a solennellement adoptés sur la forme des Etats généraux ; l'indication du nombre de ses députés doit être une conséquence de ces mêmes principes. — Il est temps que le titre sacré de citoyen soit mérité par l'observation des devoirs qu'il impose : tous les Français doivent s'unir comme les membres d'une même famille. — Pour ne pas prendre des résolutions différentes sur des intérêts communs, pour ne pas nuire à l'esprit public, les ordres et les provinces doivent délibérer ensemble, les suffrages être comptés par tête et le tiers état avoir un aussi grand nombre de représentants que le premier et le second ordre réunis. — Séparer les ordres pour en former plusieurs Chambres, serait contraire à l'ancienne constitution du royaume, suivant laquelle les affaires publiques ne pouvaient être traitées que par le roi et la nation délibérant en un seul corps. — Tous les hommes ont les mêmes droits au bonheur ; moins ils sont favorisés de la fortune, plus il est digne de la générosité française de s'occuper de leur sort. — Ce ne sont pas les provinces qui doivent être représentées, mais les habitants ; la population peut seule former la base sur laquelle il faut déterminer le nombre des représentants, d'autant plus que les impositions, les richesses ou l'étendue du territoire n'offriraient que des bases incertaines et presque impossibles à saisir. — En nommant un député par 20 mille âmes, le royaume aurait environ 1200 représentants, et, d'après ce rapport, le Dauphiné doit avoir 30 députés, savoir : cinq de l'ordre du clergé, dix de l'ordre de la noblesse et quinze du tiers état.

Séance du 10. M. le chevalier du Bouchage et M. Falque-Travail sont nommés procureurs-syndics généraux.

Séance du 15. Les Etats examinent la question des octrois municipaux, montant à 77,514 livres.

Séance du 16. Il est délibéré que le traitement annuel du président des Etats sera de 6,000 livres ; celui du secrétaire, de 4,000 ; celui de chaque membre de la commission intermédiaire, de 1,000, et de 2,000 s'ils ne sont pas domiciliés.

Séance du 19. M. Mourier exprime sa reconnaissance à l'assemblée qui avait déclaré que le secrétaire des Etats avait rendu des services à la province.

M. le baron de Vaulx fait un rapport sur les réparations d'entretien des routes et sur les ouvrages d'art.

Séance du 20. Nomination des dix personnes qui doivent composer, avec les procureurs généraux, la commission intermédiaire.

Séance du 24. Il est arrêté que les députés qui ont formé les assemblées générales des trois ordres seront payés à raison de six livres par jour par les communautés qui les ont envoyés.

Séance du 26. Il est conclu que les députés aux Etats généraux solliciteront auprès du gouvernement la suppression du régime actuel pour la perception des impôts.

Séance du 28. M. Revol, avocat, lit un long et instructif Mémoire sur la question de savoir si le lieu de la Guillotière est une dépendance du Lyonnais.

Le président annonce que la plus grande partie des 144 députés convoqués pour concourir à la nomination des représentants, sont arrivés et qu'il serait convenable de nommer une commission pour vérifier leurs pouvoirs.

Séance du 29. L'assemblée déclare valables les élections de la noblesse faites dans l'arrondissement de Romans, qu'on soutenait être nulles sur le prétexte que plusieurs personnes de la même famille avaient été au nombre des électeurs.

Séance du 30. Le secrétaire donne lecture des noms des députés choisis pour procéder, avec les Etats, à la nomination de ceux qui doivent représenter la province dans les Etats généraux.

Séance du 31. Sur le rapport de l'évêque de Gap, il est résolu que chacun des députés aux Etats généraux aura vingt louis pour frais de voyage et douze livres par jour.

M. Mounier lit un projet de pouvoirs pour ceux qui doivent représenter la province et les motifs qui ont déterminé la commission. Ce projet est approuvé.

M. de Murinais propose de nommer M. Mounier député par acclamation, ce qui est accepté par l'assemblée avec de grands applaudissements. M. Mounier remercie et ajoute que le règlement ne lui permet pas d'accepter l'honneur qu'on veut lui faire.

L'assemblée donne pouvoir aux personnes qui seront choisies par la voie du scrutin de représenter la province aux Etats généraux du royaume ; — leur défend de délibérer séparément ; — leur donne mandat spécial d'employer tous leurs efforts pour obtenir que les députés du tiers état soient en nombre égal à ceux du premier et du second ordre réunis ; — que les suffrages soient comptés par tête, déclarant qu'elle désavoue les députés et leur retire ses pouvoirs s'ils contreviennent au mandat ci-dessus ; — leur donne pouvoir de concourir, par tous les efforts de leur zèle, à procurer à la France une heureuse constitution qui assure à jamais la stabilité des droits du monarque et ceux du peuple français ; — qui rende inviolable et sacrée la liberté personnelle de tous les citoyens ; — qui ne permette pas qu'aucune loi soit établie sans l'autorité du prince et le consentement des représentants du peuple réunis dans des assemblées nationales fréquentes et périodiques ; — qu'il ne soit fait aucun emprunt direct ou indirect et qu'aucun subside soit perçu sans le libre consentement des Etats généraux ; — leur donne mandat de procurer la réforme des abus relatifs aux tribunaux et à l'administration de la justice ; — leur défend de s'occuper de subsides avant que les principes et les bases de cette constitution soient établis ; — leur défend de consentir aux distinctions humiliantes qui avilirent les communes dans les derniers Etats généraux de Blois et de Paris.

L'assemblée déclare, au besoin, réserver les droits de cette province dans le cas où des obstacles imprévus ne permettraient pas aux Etats généraux les résolutions salutaires qu'on a droit d'en espérer.

Sont nommés au scrutin députés aux Etats généraux :

Séance du 2 janvier 1789. Mgr Jean-Georges Le Franc de Pompignan, archevêque de Vienne, président des Etats ;

M. Henri-François Lucretius-d'Armand-de-Forest, marquis de Blacons ;

M. Nicolas-François, marquis de Langon, maréchal de camp ;

M. Alexandre-Joseph de Falcoz, comte de Lablache, maréchal de camp ;

M. Jean-Joseph Mounier, secrétaire des Etats ;

M. Charles-Claude de Lacour-d'Ambézieux, avocat à Romans ;

M. Jean-Baptiste-Joseph-Barthélemy d'Orbanne, avocat au Parlement ;

M. Alexis-François Pison-du-Galland fils, juge épiscopal de Grenoble ;

M. Marcellin-René Bérenger, procureur du roi en l'élection de Valence ;

M. Antoine-Pierre-Joseph-Marie Barnave fils, propriétaire à Vercheni ;

M. Louis-Antoine-François de Bertrand de Monfort, lieutenant-général au bailliage des Baronnies ;

M. Jean-Antoine, comte d'Agoult, colonel de cavalerie, sous-lieutenant des gardes du Corps du roi ;

M. Pierre Revol, avocat au Parlement de Grenoble.

Séance du 4. M. Charles-Emmanuel de Gratet de Delomieu, vicaire général du diocèse de Vienne, chanoine et comte de l'Eglise de saint Pierre ;

M. François-Henry, comte de Virieu, colonel du régiment de Limousin ;

M. Pierre-François, comte de Morges ;

M. Jean-Louis-Dominique Bignan de Coyrol, négociant à Suze ;

M. Charles Chabroud, avocat à Vienne ;

M. Guy-Blancard, propriétaire, habitant à Loriol.

Séance du 5. M. I urent-César, baron de Chaléon, conseiller au Parlement;

M. Jean-Louis-Charles-François, comte de Marsanne-Font-Juliane;

M. Aimé-François de Corbeau de St-Albin, doyen de l'Eglise primatiale de Vienne, vicaire général du diocèse;

M. Jacques-Bernardin Colaud de la Salcette, chanoine de Die;

M. Jean-Baptiste de Baronat;

M. Joseph Allard-Duplantier, propriétaire à Voiron;

M. Jean-Louis Cheynet, maire de la ville de Montélimar;

M. Jean-Antoine-Joseph Richard, maire de la ville de Crest.

Séance du 6. M. Reymond Grand de Champrouet, assesseur au bailliage de Briançon;

M. Pierre-Paul-Alexandre de Monspey, commandeur de Montbrison, lieutenant du grand prieur d'Auvergne en Dauphiné,

Et M. Claude-Pierre de Dellay d'Agier, ancien officier de cavalerie, maire de la ville de Romans.

Le roi ayant fixé à vingt-quatre le nombre des représentants du Dauphiné, il est arrêté que les six derniers élus seront considérés comme suppléants.

Séance du 7. Le secrétaire fait lecture du rapport de M. Necker au sujet de la forme des Etats généraux. Cette lecture est couverte d'applaudissements et suivie des cris de vive le roi! Il est arrêté que les Etats écriront à S. M. pour lui témoigner leur respectueuse reconnaissance.

Séance du 9. Clôture des séances, auxquelles ont pris

part les députés adjoints aux Etats. Les membres ont signé, dans chaque ordre, sans observation de rang.

Séance du 10. M. Didier fait le rapport du bureau du bien public sur les municipalités et M. Champel sur les subsides.

Séance du 12. Le projet d'une lettre à M. Necker est approuvé.

Il est répondu à l'Université de Valence qu'elle peut envoyer des Mémoires, mais qu'il ne lui est pas permis d'avoir un représentant aux Etats généraux.

Séance du 14. L'assemblée vote une somme de 30,000 livres pour réparations à faire aux routes. Rapport de M. le baron de Vaulx sur les ateliers de charité et sur les digues contre les torrents.

Séance du 15. M. de Lacour d'Ambézieux continue la lecture de son rapport sur la capitation. M. Farconnet réfute, dans un Mémoire, les prétentions de M. le marquis de Bérenger et de M. et Mᵐᵉ de Pons. Les Etats déclarent qu'ils regardent l'élection libre de toutes les places comme la partie la plus essentielle de leur constitution nouvelle.

Le même jour, à quatre heures du soir, il est présenté un Mémoire au sujet des frais de construction occasionnés par l'Etablissement des Etats, ainsi qu'une note des RR. PP. Cordeliers pour les dommages par eux soufferts. Il est arrêté que la commission intermédiaire fera rembourser à la ville de Romans la somme de 5,610 livres et que les procureurs-syndics régleront le compte des RR. PP. Cordeliers (¹).

(¹) Compte rendu de la Commission intermédiaire des Etats du Dauphiné.

L'assemblée délibère que la commission intermédiaire demandera la convocation des Etats pour le 15 du mois d'août prochain en la ville de Romans, et déclare qu'il sera fait mention dans ce procès-verbal de sa reconnaissance pour les soins et le zèle de MM. les officiers municipaux.

Séance du 16. M. de Monspey lit un rapport sur l'agriculture, l'industrie et le commerce.

Les échevins de la ville de Romans, revêtus de leurs robes consulaires, ayant à leur tête le maire, M. de Delay d'Agier, viennent saluer les Etats.

Le même jour, à quatre heures du soir, la clôture des séances est faite avec le cérémonial précédemment observé par les commissaires du roi.

Nos lecteurs savent le reste.

Frais occasionnés par l'assemblée provinciale... 400	liv.		
Id. des assemblées des trois ordres.......... 5,246	»	11	s.
Id. de l'assemblée des Etats............... 62,066	»	16	»
Id. de l'administration de la commission. 113,145	»	11	10
Total...................... 180,858		18	10
Dépenses publiques.			
Travaux publics....................... 503,156	»	»	»
Etablissements de santé............... 12,673	»	»	»
Encouragements au commerce et aux arts. 11,394	»	»	»
Allocations diverses................... 349,629	»	1	2
Total général.. 1,057,711	»	»	»